im Dickicht
meiner Notizen
ein Haiku

Manfred Bartsch

*1952, lebt und schreibt in Stuttgart
Veröffentlichungen mit der Lyrikgruppe WortRose
und in Anthologien

im Dickicht
meiner Notizen
ein Haiku

Kurzgedichte von
Manfred Bartsch

edition imme

© 2025 Manfred Bartsch
Gestaltung: Wolfgang Brenneisen
Verlag: BoD · Books on Demand GmbH,
Überseering 33, 22297 Hamburg, bod@bod.de
Druck: Libri Plureos GmbH,
Friedensallee 273, 22763 Hamburg
ISBN: 978-3-7693-9998-1

Wenn man Kurzgedichte schreibt, kommt man automatisch zum Haiku, wird zum Haijin. Diese Dreizeiler kommen aus Japan und sind die kürzeste Gedichtform. Sie sollten nicht mehr als 5-7-5 (eher 3-5-3) Silben lang sein, Sachverhalte der Gegenwart darstellen und einen Naturbezug haben.

der Teich schläft
kein Frosch wagt den Sprung
ins Wasser

der Teich sieht
heute sehr kalt aus
sei kein Frosch

alter Frosch
er sitzt am Teichrand
hört Wasser

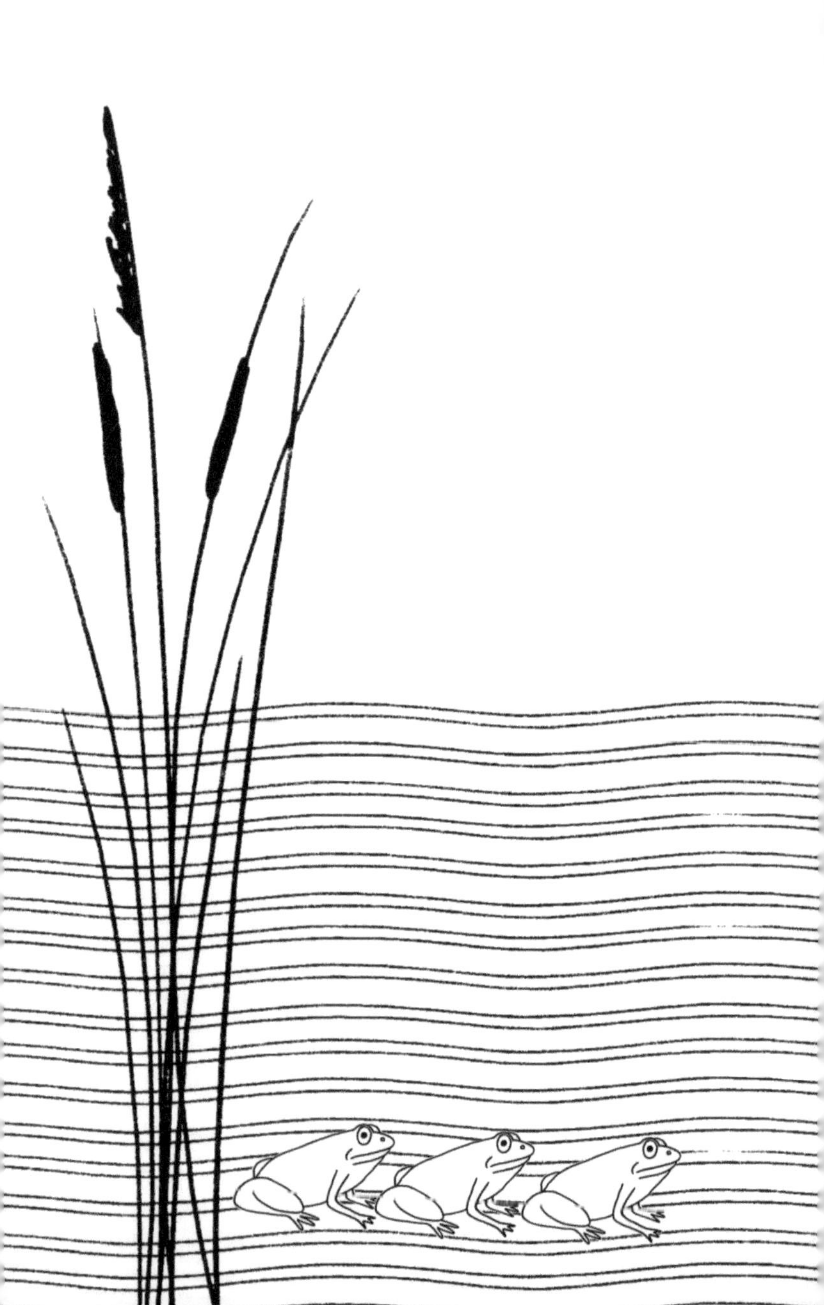

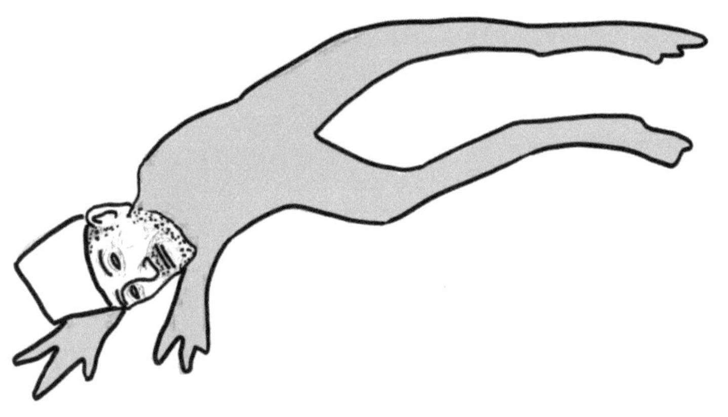

Bashô springt
im Teich gibt es nun
Kaulquappen

in der Bucht
fast auf jedem Blatt
sitzt ein Frosch

nebenan
am Rand der Wiese
die Störche

der Falter
ganz am Zweigende
nimmt er Platz

am Weiher
eine Libelle
fliegt vorbei

am Himmel
ein Halbmond mit Bauch
er nimmt zu

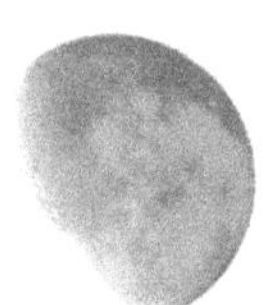

am Abend
nur ein halber Mond
es geht Wind

die Wolke
verdeckt ihn nur halb
den Vollmond

im Gestrüpp
jener Eisvogel
kaum sichtbar

Windrichtung
sie ist ablesbar
am Gebüsch

am Ufer
die Niederlassung
der Steine

der Vogel
auf dem Stein am See
ohne Scheu

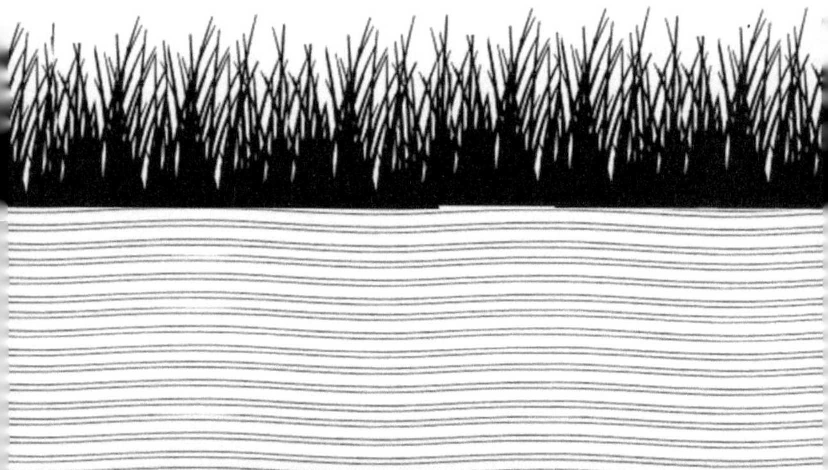

er schimpft noch
während er wegfliegt
der Reiher

Morgenlicht
das Boot wirft Schatten
auf das Schilf

durch Zweige
fällt auf die Wellen
das Herbstlicht

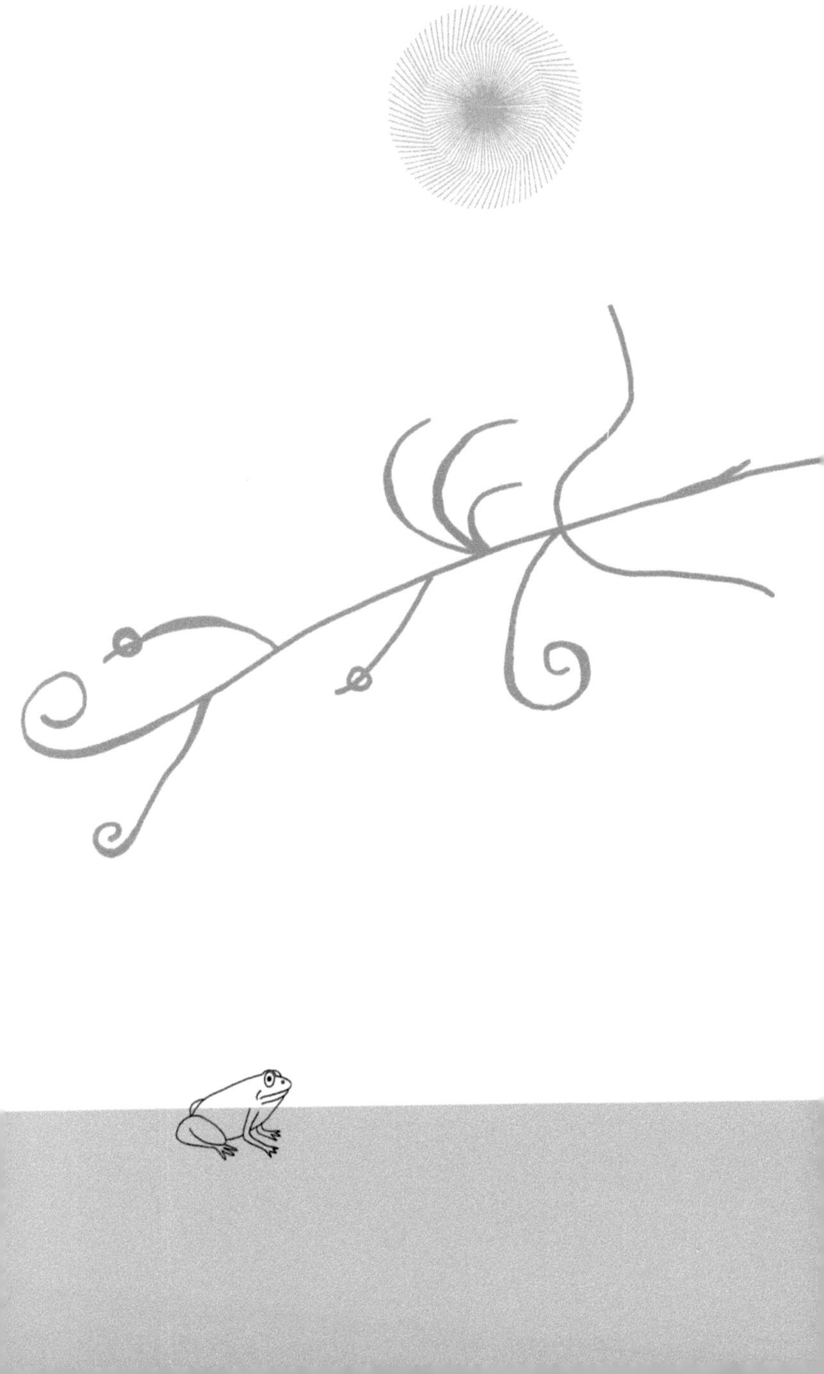

am Himmel
ein Mount Everest
aus Wolken

die Wolken
sie wechseln von hell
zu dunkel

die Nacht fließt
über den Wald und
löst ihn auf

Der Haijin M.B.

Manfred Bartsch lernte ich im Jahre 1984 bei einem Lyrikseminar in Stuttgart kennen, das von Johannes Poethen geleitet wurde. Etliche Teilnehmer wollten im Anschluss daran weitermachen, und daraus entwickelte sich ein Workshop, das Jahre, mit Unterbrechungen sogar Jahrzehnte existierte. Man traf sich regelmäßig, um „am Text zu arbeiten", wie es hieß. Da kamen formal und inhaltlich ganz unterschiedliche Texte auf den Tisch. Das Alleinstellungsmerkmal von M.B., wenn man es so formulieren will, war sein Hang zur Kürze. Während die Texte der anderen Dichter eine ganze oder wenigstens halbe Seite füllten, begnügte sich M.B. mit wenigen Zeilen. In der Kürze liegt die Würze und die einprägsame lyrische Aussage, schien seine Devise zu sein. Dass er mit diesem Ansatz fast zwangsläufig bei der kürzesten uns bekannten Gedichtform landete, nämlich dem japanische Haiku, erscheint plausibel. Drei Zeilen, siebzehn Silben, das schien genug. Neuerdings haben die Japaner sogar noch eins draufgesetzt und begnügen sich mit elf Silben. Geht der Trend weiter, so landen wir beim einsilbigen Gedicht. Und am Ende steht dann wohl das wortlose, reine Schweigen, das nach buddhistischer oder taoistischer Ansicht alles sagt und beinhaltet.

Doch seien wir froh, dass sich M.B. (bisher wenigstens)

dieser ultimativen Verknappung versagt hat. In seinen Haiku begegnet man immer noch einer sinnlichen, bildkräftigen Anschauung, die auch dem Literaturfernen etwas sagt. Haiku bedeutet Ausschnitt und Kombination, wie man den Gedichten dieser Sammlung entnehmen kann. Aus der unendlichen Fülle der Welt greift der Haijin zwei oder drei Dinge heraus und fügt sie in einer festen, vorgegebenen sprachlichen Form zusammen. Das klingt nach wenig, aber wunderbarerweise eröffnet sich damit ein Gefühls- und Stimmungsraum, der für sich selbst eine ganze Welt zu sein scheint.

Haiku ist also mehr als eine bloß sprachliche Form. Damit verbunden ist eine Weltsicht, aber auch eine Lebenspraxis. Wenn M.B. eine Reise macht (und er scheint öfters auf Reisen zu sein), kommt er prompt mit einigen Haiku zurück, die ungeachtet ihrer Kürze ein anschauliches Bild seiner Eindrücke und Erlebnisse vermitteln. Das ist dann immer mehr als eine bloße fotografische Schnappschussfolge mit dem Smartphone.

Eines muss hier noch angesprochen werden: die Natur als Generalthema des Haiku. Zwar gibt es auch Experimente, bei denen auf den Naturbezug verzichtet wird und nur die Form, das Gefäß für ganz andere Inhalte erhalten bleibt. Diesbezüglich bleibt M.B. der japanischen Vorgabe und Tradition treu. Ist das nun etwas altmodisch, aus unserer Zeit gefallen, geradezu hinterwäldlerisch? Schließ-

lich haben wir ja andere Sorgen. Den konservativ einge-
stellten Japanern mag man dieses Kleben an Naturthe-
men nachsehen, immerhin wurde das Haiku in einer
vorindustriellen Zeit erfunden, und das Alte hat bei ihnen
eine besondere Würde. Aber wir Abendländer des 21.
Jahrhunderts?

Tatsächlich wäre es jedoch wünschenswert, wenn wir
nicht nur an die „Umwelt" als vom Menschen gestaltetes
und manipuliertes Betätigungsfeld denken würden. Dass
wir mit dieser Einstellung den Planeten ruinieren, wird von
Tag zu Tag deutlicher. Wann haben Sie das letzte Mal
einen Zitronenfalter gesehen? Eine Libelle? Vom Eisvogel
ganz zu schweigen. 40 000 Pflanzen- und Tierarten seien
akut vom Aussterben bedroht, die größte Katastrophe seit
der Elimination der Saurier bahne sich an, heißt es von
seriöser, wissenschaftlicher Seite.

Natürlich kann ein zartes, fragiles Gebilde wie ein Haiku
eine solche menschengemachte Katastrophe nicht ver-
hindern. Doch wenn es die Aufmerksamkeit auf die
Schönheit, den Reichtum, die Verletzlichkeit der Natur
richtet, die den Menschen trägt und viel größer ist als er,
dann hat uns diese feine Stimme durchaus etwas zu sa-
gen. In diesem Sinne ermuntern wir den Haijin M.B., in
seinem Tun nicht nachzulassen.

Wolfgang Brenneisen

Manfred Bartsch, Rudolf Häfele, Uwe Rapp
Europa: Bilder - Gedichte
Scribo Verlag
ISBN 9783937310329

Manfred Bartsch, Rudolf Häfele, Uwe Rapp, Irma Rommel
Die Elemente - Gedichte
Scribo Verlag
ISBN 9783947489015

Widmar Puhl
Tatort Schriftstellerhaus
Poesie & Porträts
edition poethen's poeten
Books on Demand, Norderstedt
ISBN 9783755761211

Wolfgang Brenneisen
40 Jahre LyrikKreis Stuttgart
Acht Haiku
edition poethen's poeten
Books on Demand, Norderstedt
ISBN 9783759783394

Wolfgang Brenneisen
17 Premium Haiku
imme klassiker
Books on Demand, Norderstedt
ISBN 9783769310757